《健康IP塑造》编委会

健康IP塑造

主　编　王李珏　王学生　田志会　孙　冬

厦门大学出版社
XIAMEN UNIVERSITY PRESS
国家一级出版社
全国百佳图书出版单位

图书在版编目（CIP）数据

健康 IP 塑造 / 王李珏等主编. -- 厦门 ：厦门大学出版社，2023.3
ISBN 978-7-5615-8841-3

Ⅰ. ①健… Ⅱ. ①王… Ⅲ. ①药品－专业商店－网络营销－研究－中国 Ⅳ. ①F717.5

中国版本图书馆CIP数据核字(2022)第214441号

出 版 人 郑文礼
责任编辑 眭 蔚
封面设计 蒋卓群
技术编辑 许克华

出版发行 厦门大学出版社
社　　址 厦门市软件园二期望海路 39 号
邮政编码 361008
总　　机 0592-2181111 0592-2181406(传真)
营销中心 0592-2184458 0592-2181365
网　　址 http://www.xmupress.com
邮　　箱 xmup@xmupress.com
印　　刷 厦门集大印刷有限公司

开本 720 mm×1 020 mm 1/16
印张 9.25
字数 105 千字
版次 2023 年 3 月第 1 版
印次 2023 年 3 月第 1 次印刷
定价 118.00 元

本书如有印装质量问题请直接寄承印厂调换

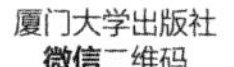
厦门大学出版社
微信二维码

厦门大学出版社
微博二维码

主编简介

王李珏，中国医药物资协会副会长，广东阿康健康科技集团有限公司董事长兼 CEO，中国医药物资协会大健康直播分会（筹）负责人。在互联网医疗、数字化营销、基层医疗、供应链直播、健康达人 IP 打造等方面，理论联系实际，颇有建树。

王学生，河南省人大代表，中国医药物资协会副会长，龟鹿药业集团有限公司董事长兼总经理，山东东滕阿胶有限公司董事长兼总经理。专注胶类中药行业近 40 年，挖掘产地文化，提升行业标准，是龟甲胶鹿角胶市场领航者。

田志会，中国医药物资协会副会长，中国医药物资协会工业电商分会会长，江苏知原药业股份有限公司副总裁。目前求学于长江商学院。3 年完成企业电商领域的布局和转型，是医药电商行业现象级品牌营销操盘手。

孙冬，中国医药物资协会副会长，龙宝参茸股份有限公司总经理。曾担任《药店营采商协同与实战》顾问。目前主要从事中药大健康行业线上线下全渠道整合运营。

执行主编简介

叶雅芳，金丽声精品货架创始人。在精品货架行业深耕二十年。在泛零售行业、数字化门店、数字化工厂方面颇有研究，是德鲁克《卓有成效的管理者》的实践者和推进者。

代航，中国医药物资协会研究院执行院长。

序一

以更加开放、包容的心态拥抱变化中的新世界

/ 刘忠良

这个变化的世界，精彩纷呈，让人目不暇接！而在这些十分精彩、大多转瞬即逝的种种场景里面，能够抓住属于自身发展机会的企业家并不是太多，而这也确实很难。

难就难在当我们尝试去做的时候，顾虑特别多，也会预想到坚持做下去的机会成本。

无论如何，我和中国医药物资协会的企业家们，希望创新、鼓励创新，尽管我们知道这很不容易。

很高兴读到阿康健康王李珏董事长领衔主编的《健康 IP 塑造》一书。这本书在内容和形式上都有一些创新，关键是他们正在尝试去做，并且想引领行业去做探索。我衷心祝福也期待他们能够坚持不懈地探索下去，能够取得成功！

当这个世界快速变化并呈现出新的轮廓之际，我希望我们每一位渴望与新世界同行同在的朋友，能够以更加开放、包容的心态诚实地面对自己和企业的发展，选择适合自己企业的发展方向、发展模式，热情拥抱这个变化中的新世界，并成为这个新世界里一处亮丽的风景。

——（序者系中国医药物资协会执行会长兼秘书长、维康药业股份有限公司董事长）

序二

做健康达人，塑造好个人 IP

/ 徐郁平

健康 IP 分为企业和个人。很多时候，企业 IP 也需要拟人化、人格化的 IP 来表现。所以，我想简单谈谈健康 IP 塑造的一点感想。

当前医药行业都面临在线化的机遇或问题。能够在线化的企业和个人，都有新的机会；而不能在线化的企业和个人，都会在数字化时代面临越来越多的问题。在线化的关键，是要具有健康素养和知识技能的健康达人在线上以用户感兴趣的内容和用户及时交流互动，而直播短视频即是这种交流互动的工具。能够很好运用这些工具来为用户服务的健康达人，通常都会有自己的 IP——这些能够吸引“粉丝”的 IP，是需要精心打造、不断呵护和长期经营的。《健康 IP 塑造》这本书正好在这些方面做了形象生动的探讨，令人读来饶有兴致，也颇有启发。

我在本书的姊妹篇《看得见的风口：药店直播时代到来》里，专题论述过“网红店长 / 店员的直播选秀与培育”。我们认为，就药店而言，执业药师这类专业人才如果能够掌握直播短视频的传播技能，合理引导，就可以很好地普及医药健康知识，促进全民健康。如果这些执业药师准备长期这样做，就可以自己或者让专业团队来打造健康IP，借此得到民众喜爱，获得社会认可。

由此可见，健康IP塑造有多么重要。

在此，我特别推荐《健康IP塑造》这本书，希望有更多的药师、健康管理师、营养师及其他相关健康知识传播者能够读到本书，为自己，也为企业，认真思考塑造健康IP这件事；通过持续不断的实践，做出成绩，做出行业影响，为医药健康新时代的到来，贡献一己之力、众人之力！

（序者系中国医药物资协会监事长、知名医药零售专家）

序三

勇做 AI 网络时代信息传播的弄潮儿

/ 李从选

互联网的出现，消灭了信息差，人们获取知识与信息的时间与成本大为降低，这无疑是人类文明积累与传承过程中最伟大的事件之一。

移动互联网、DT 时代、AI 时代，伴随着智能手机的出现，人人都有可能成为信息的生产者、直播者、拥有者。数字智能网络时代，人人都拥有了三个权利：信息生产权、信息传播权、出名获益权。

只要有一部智能手机，会操作几个手机编辑软件，你就能生产各种信息了。

不论是文字、图片还是音频、视频等信息，只要用智能手机在不同的网络媒体平台上注册一个账号，你就能进行传播。你传播的内容、形式有创意，有正确的三观，就能出名，成为名人，这就是网红。

只要你出名了，有了一定数量的“粉丝”，每个平台都有变现的渠道与方法。直播带货、视频带货、软文带货都可以变现，这样就造就了一大批专业从事各种创意传播的人群。我们所处的健康产业也不例外。

信息生产与传播经历了信息爆炸到信息干扰、信息垃圾等危害过程，人们对信息强行传播都有恐惧感、拒绝感。这就要求从事信息产业的人在正确的三观和社会监管要求之下，要能够做到有趣、有料、有播。这还不够，好的内容、好的视频，尤其是好的IP，都要经历认知、认同、公认的阶段。

非常欣喜地看到，《健康IP塑造》一书的作者大都是医药健康行业的"素人"，他们勇敢地在大健康产业领域自觉遵从有趣、有料、有播的思路，从线上线下一体化传播、通过自媒体传播成为网红、打造个人知名IP、短视频制作、直播、内容创新、通过传播运营"粉丝"经济等多个角度，实践着信息生产、信息传播，并通过传播出名获得收益。书中的实践者毫无保留地用他们的现身说法为更多的人传经送宝，为新媒体传播与信息传播经济领域的进入者引路，这是一件功德无量的事情。

愿本书助力更多人成为网络时代信息传播的弄潮儿。

（序者系中国医药物资协会研究院专家、知名药企OTC营销操盘手）

序四

数智化新零售需要健康IP

/夏　婧

我们在2022年开展的金沛方中国医药数智化新零售万里行活动中，除了强烈感受到大数据、数字化、AI赋能医药零售行业的重要性和迫切性之外，还对零售药店在用直播短视频等新媒体宣传品牌、构建私域流量池的普遍诉求十分关注。这里面，无论是药店的新零售实践，还是数智化潮流奔涌而下的种种探索，都不能没有人格化的企业/产品/个人的品牌塑造和牵引——而这，正是《健康IP塑造》一书试图要告诉我们的——在新的市场环境下，作为最重要的活动主体人，尤其是从事医药健康事业的每位参与者，做什么、如何做，才能与技术、零售设施设备等经营要素有机结合，开创药店新零售的新局面。

比如金沛方用一个小药童形象作为公众健康理念传递的IP，这个小药童名叫沛方方，来自天府之国，身着绣有四川道地药材川芎叶脉纹饰的长袍，背着小药篓采药或拿着小药杵捣药是他的形象常态。他喜欢背诵《本草纲目》，喜欢陪各类专家传递医药健康知识。这样的虚拟卡通IP弱化了医药健康教育的刻板感，增加了沟通的趣味性。就这样，沛方方IP串联起平台上的医师、药师、新零售运营专家、零售药店各级运营人员，共同构造了金沛方健康直播平台，成为金沛方大健康产业平台的健康IP。

在数智化浪潮汹涌澎湃的今天，万物互联，数智共存，IP无处不在，唯有塑造好自己的IP形象，我们才能脱颖而出。

（序者系金沛方药业联合创始人、总裁）

序五

坚持，就能达到目标

/ 叶莉思

我从事互联网健康领域的传播、品牌构建、营销操盘工作近十年。让我对健康怀有特别感触的是2014年，多位优秀的媒体人在那一年猝然离世，作为一名前媒体人的我，深感日夜颠倒跑线采访的媒体人从事的是一个健康高危职业，这群媒体人亚健康问题日趋严重。因此，我携手中国记协发起了“健康中国行，关爱媒体人”的媒体人健康倡议活动，希望大家重视健康，重拾健康，关爱“社会喉舌”。这个活动的成功举办引起了社会广泛关注，可我明白仅仅通过策划健康倡议行动是远远不够的，还需要我们广大健康领域的专业人士带领公众一起努力向前。

事实上，营造一个崇尚健康的生态环境，包括媒体人在内的所有人都有这个责任。我们因互联网快速发展而身处“人人皆媒体”的信息碎片泛滥大环境中，市场上不乏专业信息，却缺乏权威性的高质量资讯；不乏风趣段子，却缺乏带有灵魂的深度内容；不乏“自卖自夸”的故事，却缺乏“他卖你夸”或“你卖他夸”的评论。

近年来，我为健康类企业做品效服务，过去的操作是由媒体渠道来决定企业内容；而现在，因为新媒体时代资讯的爆发，需要我们创作内容后再选择媒体的类型，实现“品效合一”，这就是互联网新时代的顺应之为。

我很高兴看到《健康 IP 塑造》一书在这个时候得以出版。何为“健康 IP”？我认为 IP 的使命就是传递专业知识、价值观与善念善意影响他人心智。在塑造 IP 的过程中，如何借力 IP 自身的魅力与独特的内容打开新的流量入口，聚集忠实的“粉丝”用户，进而实现流量可持续转化变现的目标？这本书将会帮助更多从事大健康行业的同道中人，塑造属于企业和个人自己的健康 IP 形象，传递正能量，凝聚人性善，探讨在私域里转化变现的多种可能性。

我相信，只要坚持，唯有坚持，这个目标就一定能够实现。

（序者系 2021 中国传播年度人物、师通数字创始人）

目录
CONTENTS

第一部分　初始网红，我能成为健康达人吗 / 001

第二部分　线下到线上，我们是多面人 / 011

第三部分　成为新（自）媒体人和运营者 / 023

第四部分　我的 IP 我做主 / 035

第五部分　走进直播间 / 051

第六部分　短视频风口 / 065

第七部分　直播带货的喜悦与烦恼 / 077

第八部分　“粉丝”就是我的衣食父母 / 089

第九部分　内容输出为王 / 101

第十部分　我是健康达人 / 113

后记一 / 126

后记二 / 128

第一部分 初始网红，我能成为健康达人吗

本书的编者给我取了一个 IP 名称——德妹，还让画师给了我一个塑形。同时，他们还给我介绍了一个男朋友——抖哥。我们将陪伴各位读者经历健康 IP 塑造的各个场景，体验 IP 人生的一段奇妙旅程。

德妹 IP

抖哥 IP

抖哥与德妹在 IP 塑造的路上

蒂姆·伯纳斯-李在 1990 年发明了互联网。他没有去申请专利，而是向社会公众无偿公开了这项发明成果——世界上的每一个人，哪怕是一个普通人，都有权利平等地从互联网上获得自己需要的信息。这位互联网的发明人真伟大！那一年，我还没有出生，我的爸爸妈妈还不认识。多年以后，我知道他们是在互联网上认识的。因此，我可以说是互联网的孩子，属于现在大家都在说的 Z 世代。

真正的网红是他

有了互联网，才会有网红。他们在网上被“粉丝”宠爱，一夜间变成网络红人，彻底改变自己的命运。但“水能载舟亦能覆舟”，一夜间或许就被“黑”，变成“网黑”了。这是网红让人心惊胆战的另一面。其实，真正的网红，我心目中永远的网红，就是那个发明互联网的男人；或者，就是中国社会药店最早评出来的“七星药师”！

叶　真

崔黎萍

首届中国社会药店“七星药师”

我不知道自己是不是应该也去做一个网红？我一直有哪怕是去体验一下做网红的念头。但是，我不知道自己能否胜任网红，网红的感觉——飘飘然，自我陶醉，睥睨一切却又顽强刚毅、坚持坚守、勤勉有加，还有那种集万千宠爱于一身却很可能转眼间就被千夫所指、万人唾弃的福祸相依的感觉——自己是否承受得起。

抖哥与德妹的对话

在参加医药行业的一个药师网红大赛之后，我好像做了一场梦，一夜醒来，仿佛爬上了儿时最喜欢爬的那座山，站在山顶，太阳缓缓升起，光照耀过来，我发现自己满身金光。那时，我刚刚得知，我获得了首届全国药店百佳网红药师称号，而且进入了前十名。

网红药师

我是一名服务药店顾客的专业技术人员。我希望自己不仅是执业药师，还应该是医生、健康管理师，甚至还是可以帮助顾客进行眼保健、耳保健的验光师、验配师等——这是我自己的职业规划，我更希望我的这些专业技能能够帮助到更多的顾客。从网红开始，这个身份可以让更多需要我的专业服务的顾客找到我，但我更愿意自己具有真正帮助到顾客的健康达人的标签：随时随地，线上线下全方位服务，被需要，被尊重。

健康达人——健康中国最广泛的被需求者

当下，直播电商的垂领化趋势十分明显，“素人”主播崛起，个人 IP 塑造成为互联网时代最重要的平权标志。尤其在医药大健康领域，借助于互联网新媒体、直播短视频等，具有医药健康专业知识技能的健康达人，将成为健康中国行动纲要最广泛的实施者、传播者，以及基层民众健康生活不可或缺的被需要者。这是时代给我们提供表达自己、服务顾客的最好机会。感恩这个伟大的时代。

健康是所有人的追求

阿康健康在医药健康行业获得第一块直播牌照，并在中国医药物资协会平台上成立全国第一个美丽健康产业直播基地，抖哥在此十分自豪，并非常乐意介绍近期的活动场景和合作对象。

阿康美丽健康产业直播基地挂牌

知名药房在抖药平台开播

知名药企在抖药平台开播

抖哥在做现场参展企业直播宣传

供应链直播论坛的对话环节

在虚拟与真实的世界，健康是永恒的主题。“成己为人，成人达己”，练就健康达人 IP。如果我们成为健康达人，我们就必须要完成这个使命，即用专业工具和服务技能来发掘、追踪、激发、满足沉睡顾客（包括特殊群体）的身体健康需求。德妹、抖哥在思考和行动，所有健康达人都在思考和行动。

飞翔的健康达人

描绘美好未来

过往皆故事，传奇正书写！

第一部分的三个重要结论：

（1）健康 IP 是什么？是以健康为主题或和健康关联的文创作品的统称。它所具有的内容和影响力，能够在多个平台分发，并获得流量支撑。在大多数情况下，它也是一种表达

形式，是个人或企业具象和抽象的、易于被新媒体传播的视听识别符号。

（2）成为健康达人的重要手段：塑造好自己的个人 IP。

（3）成就网络品牌的重要手段：塑造好企业 IP。

（代航　叶雅芳）

第二部分

线下到线上，我们是多面人

医药健康领域，从古至今，古代的神农氏、张仲景、孙思邈、李时珍，现代医学代表人物林巧稚、吴孟超等，经过持续不断的文化传播，他们注定是引领中华民族追求健康生活，影响最为广泛、持久的健康达人。即使是在“人人皆是，人人可为”的新媒体时代，

他们也一定是永远的网红，永远的超级健康达人，让有志于帮助身边顾客过好健康生活的我辈，永远有一个目标，永远有一种动力去驱使自己。

他们才是真正有持续影响力的健康达人

仅就药店而言，中国药店最早的“七星药师”，还有媒体、行业协会、专业机构等这些年通过活动比赛等评选出来的金牌药师、营养师、网红药师等，他们本身就具备了做健康达人的专业知识技能，可以与顾客在线下进行很好的沟通；如果能掌握新媒体运营的方法技能，也能与顾客在线上进行很好的沟通，那他们就是真正的健康达人了。

能与顾客进行线上沟通的健康达人

2022年7月29日，我们参加了中国医药物资协会厦门大学第一期健康 IP 研修短训班。7 月 29 日全天线上网课，汇聚行业“大咖”，特别是在直播、短视频领域有深入研究、实践的专家老师；7 月 30—31 日厦门大学专家做了系列培训：“网络品牌构建与知识产权”，针对医药直播、药学科普的专业性与严肃性，以及在著作权、IP 塑造、短视频制作传播涉及的风险方面做了详细的规避指引；“头部网红的品牌塑造与‘粉丝’现象”解读了网红与网红经济、“网红 + 社群”、“品牌 + 渠道”、“粉丝”认知追随等相关问题；“超级网红 IP 的思维模式与品牌管理”将“人设”与定位标签化，精准触达，培养垂类“粉丝”；“网红直播中的技术元素分析”从技术层面剖析实效直播。8 月 1 日“第一期健康达人秀一起健康一夏”的现场直播比赛，让大家将理论知识运用到实际直播中。大家受益匪浅。

合影留念

或许是互联网本身的魅力，以及 VR/AR/MR 促进虚拟世界与现实世界结合的技术对人类天性的极大释放，加上疫情防控常态化，医药健康领域的工业、商业、药店终端等都不约而同开展全渠道经营，尤其是线上渠道和线上线下一体化渠道建设如火如荼，其根本原因都在于顾客已经开始大规模从线下迁移到线上。

VR 让虚拟与真实都在眼前

AR增强现实感

MR让我们生活在虚拟与真实的世界之中

维康药业沉浸式体验中药博物馆

“顾客在哪儿，我们就要在哪儿。”今天，越来越多的顾客开始习惯在网上交流、购物和体验各种服务，我们就应该到网上去与之交流、销售产品和提供各种服务。在线化，让我们必须到线上去学习经营管理，学习为顾客传授专业知识技能的方法，学习运用互联网沟通交流工具，包括设立我们自己的IP。

顾客在线，我也必须在线

“带上你的顾客一起上线，为你的顾客做好在线服务沟通。”当顾客开始从线下大规模迁移到线上的时候，对于有志于做健康达人的我们来说，这不仅是时代的挑战，更是时代赋予有志者的机遇。

我们的喜乐哀愁取决于顾客

然而，作为一个习惯于线下沟通交流的准健康达人，我们首先要清楚我们与顾客线上的沟通交流与线下相比到底有什么不同，可见下表。

线下线上与顾客沟通交流的不同之处

	线下	线上
心态	固定、理性、习以为常	开放、感性、有表现力
角色	固定场所的固定角色	开放空间的健康知识传播者、直播带货者、健康达人
模式	一对一	一对多
工具	电话、微信、短信等	抖音、视频号、小红书、微赞、抖药等直播平台
场景	药店（活动、咨询服务）、会员俱乐部、健康讲堂等	直播间、抖音和短视频（点赞评论等）、微博、网站、腾讯会议等
时间	受工作时间、场地限制	可全天候线上服务（甚至可以借助数字人直播）

虚拟主播

其次，要做好在线健康达人的多样化角色转换与定型准备。"我能做一个多面人吗？"要回答这个问题，需要对自身时间管理、知识技能结构、阶段性目标等做一次全面规划，也包括为自己打造健康 IP、运作健康 IP。

自我规划中不同阶段的自己

再接下来问：“我能成为自己想要成为的那个自己吗？”IP给我们提供了这种可能。

我能成为自己想要成为的那个自己吗

我们可以在从线下走到线上的过程中，通过塑造健康达人IP，成为自己想象中可以有多个角色的那个人，为顾客提供全方位的健康服务。

杨丽和同伴在直播

我们在线上成为一个自由自在的多面人，又有什么不好呢？我们的人生一路走来，仿佛在此时为自己打开了许多扇通向未知世界的大门。

杨丽在老百姓怀仁大药房推行百人主播培训计划

第二部分的三个重要结论：

（1）健康达人从线下走到线上，是一个必然过程，需要克服个人及所处环境的障碍。

（2）参加各种各样的学习培（实）训，包括从直播短视频入手，努力打造个人 IP，让自己在线上如鱼得水。

（3）线上线下一体化过程中，顾客（用户）能够随时随地找到我们，我们也能够在有顾客（用户）的场景找到他们。

（杨丽　刘芳）

第三部分
成为新（自）媒体人和运营者

沈茂君 IP　　蔡思韵 IP

我可以是一个媒体人吗？新媒体出现之前，不是官方媒体机构（报社、电视台、电台等）的从业人员，如记者、主播、电视制作及其他相关传媒行业人士，一般人是不可以的。但是现在，网络技术、数字技术、智能手机普及，新媒体层出不穷，媒体人的范畴扩大，媒体传播的方式比比皆是，“所有人对所有人的传播”成为可能。

所有人对所有人传播

短视频直播时代，人们的生活方式与注意力发生巨大改变，传统的中心化媒体生态正在被重塑，取而代之的是人人都可以是媒体（人）。“素人”IP、专业 IP 通过短视频、直播间，充分享受表达的快感，绽放魅力。

张莹、刘芳、张敏、关心的短视频直播 IP

历经几年的发展，以抖音为代表的短视频直播平台已从娱乐化内容逐步向专业化内容过渡。平台强大的算法优势使得不断有新的 IP 涌现，避免了因头部 IP 垄断造成的生态危机。因此，当下正是健康 IP 等垂类知识达人创业的大好机会，也是健康 IP 可以有效利用新（自）媒体大放异彩的风口。

新媒体和自媒体给了更多企业和个人表达的机会

一个拥有 30 万“粉丝”的达人 IP

我叫小蓁，是来自厦门的一名导游。疫情来了，正常的导游工作没办法做，就开始做短视频。不到一年的时间，我的“粉丝”已超过 30 万。前不久，我又做了人生中的第一次直播。现在，我的目标就是做精、做优短视频，尝试做好带货主播，经营好微信朋友圈和社群，成为让自己和“粉丝”都喜欢的 KOL。

我叫新姐，是湖南一家制药厂的大客户经理。从决定参加工信部新媒体运营师考试的那一天开始，我就立志做好自媒体，掌握新媒体运营的所有技能，为自己和现在的公司快速介入利用新媒体做好品牌传播、打造健康 IP 做出努力。我还正式参与了中国医药物资协会大健康直播分会（筹）的筹备，结识了医药健康界不少企业家和从事直播等新媒体专业人士，得到大家的鼓励和帮助。我也希望自己以此为契机，成为真正的新媒体运营者。

新姐想成为新媒体运营者

我叫林林，属于中医药第二代。2018 年初一场大病，让我有幸遇到第四批全国名老中医药专家黄秋云老师。她给了我许多药食调理方法，让我慢慢明白，当身体出现问题，首先调理生活习惯、心态，接着食疗，最后一条路才是吃药治疗。黄院长不仅这么说，也身体力行地去做，知行合一。虽然她已经退休了，但还是积极地继续传播药食方法，让更多的人能运用天然的药材调理身体。我愿意以自己粗浅的知识，协助中医药专家，打造他们的专业 IP，运用新媒体来传承、弘扬祖国中医药文化。

林林与黄秋云院长的 IP

雅痞砚公子 IP

我的视频号叫雅痞砚公子，来自厦门一家刚刚成立的文化传媒机构。我之前从事的主要是医药市场的培训工作，对中医药情有独钟。现在的主要工作内容就是为企业做公众号、短视频、直播等新媒体，为企业和产品及专业技术人士打造健康 IP。

企业或个人 IP 塑造是新媒体运营的一个过程，要做好三个方面的运营：

（1）用户运营。用户在哪里，我们的新媒体运营就要跟到哪里。给谁看？喜不喜欢看？看了以后还想不想再看？关键是要互动。

（2）内容运营。图文、音频、视频是否遵循了新媒体创作的规律？能不能抓住用户眼球？关键是内容要有料，有看点。

（3）活动运营。策划好有创意、能吸引用户的各种社会活动，通过媒体来传播，对提高企业品牌知名度、美誉度和用户忠诚度非常重要。

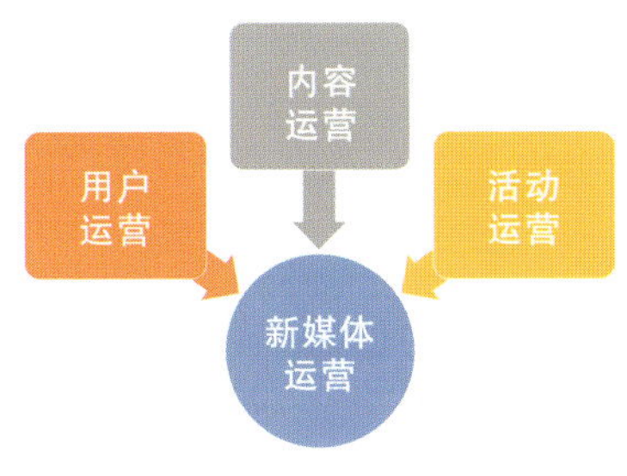

新媒体运营三大内容

优质的运营人才已成为行业的稀缺资产，运营从业者至少需要具备三项能力：

（1）共情能力。用户喜欢看什么，用户希望通过自媒体获得什么，用户为什么要关注、给我“点赞”等，创作者、运营者都会设身处地地“get”到用户，找准与用户同频共振的点和面。

（2）表达能力。表达能力并不仅限于口头表达，镜头表达、文本表达、画面表达等都属于表达力的范畴。如何清晰准确地表达属于你的内容，是自媒体成功的关键。

（3）持续学习的能力。与其强调爆款能力，不如追求稳定的输出，平均的数据、持续可复制的爆款才是最关键的。

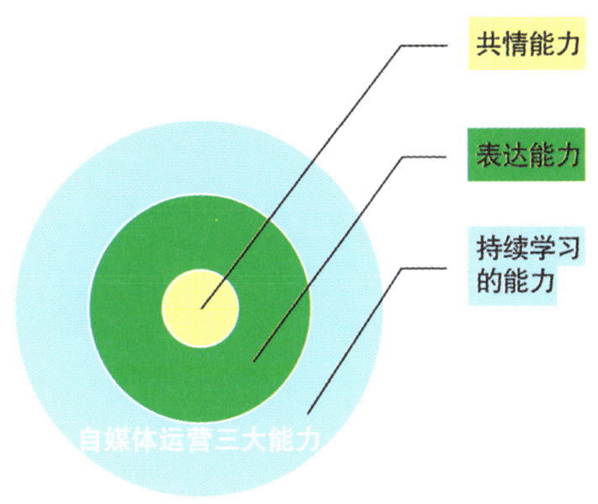

自媒体运营三大能力

例如凤翔传说公众号有非常稳定的输出机制，在业界颇有口碑：

每周六早 8 点推出《凤说快讯》，聚焦大健康、互联网行业最新资讯解析；每月 1 日推出《总裁寄语》，分析大健康行业市场，表达洞见；每两周刊载营销专栏约稿，专业化输出抢先看。

凤翔传说公众号

再如药德黑板报公众号，站在受众角度，强调共情和表达，力图建立药店需要的内容传播机制：

每周定时推出《药德药店周报》，汇集药店经营管理团队所关注的政策、动态；每周推出《药德云课堂》，分享可落地的药店经营管理智慧及药德解决方案；输出企业文化，塑造药德品牌 IP。

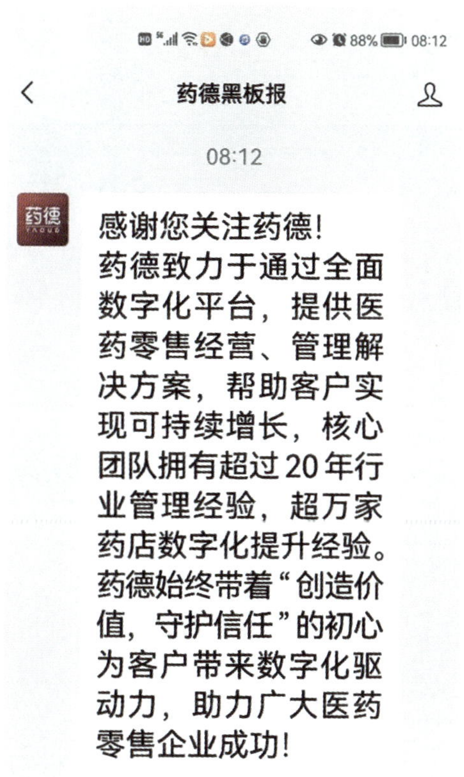

药德黑板报公众号

短视频直播时代赋予了我们每个人成为自己想要成为的那个人的平等机会。但是否具备更强、更持久的学习力，从惯常的工作、经历及人生的每一次触动中去学习、积淀、转化、变现，才是我们能否实现自我塑造、成就 IP 梦想的分水岭。

学习力成就 IP

第三部分的三个重要结论：

（1）人人都可以做媒体人。

（2）掌握新（自）媒体的基本运营方法，培养并持续提升新（自）媒体运营能力。

（3）塑造健康 IP，关键在于自己要成为一个有健康 IP 特色的自媒体。

（沈茂君　傅晓砚）

第四部分
我的 IP 我做主

安心 IP　　　　梁映枫 IP

当一个时代都在成就和期待 IP 的时候，一定是各种 IP 方兴未艾、大行其道的高光时刻。

李子柒的视频让无数外国网友对中国文化产生了无限向往，同时也带动了“李子柒螺蛳粉”的销售。李佳琦的“买它买它”让无数女生觉得，这个男人居然比女人还懂女人。在俞敏洪这个超级大 IP 的加持下，新东方直播间中董宇辉、顿顿等各具性格特色的 IP 让人欲罢不能，离开直播间俨然像“逃课”。除了人物 IP，最早的 IP 或许可以从迪士尼 IP 中溯源。

迪士尼 IP

在医药大健康行业，也发展衍生了不少具有影响力的企业 IP。各种广受信赖、追捧的传统老字号，在消费者心智里就是疗效、安全性的代名词。在“国潮”的席卷下，传统与新潮相融合，赋予了企业 IP 更多维的新内容、新主张。

从图文时代进入视频时代，给予了个人 IP 的发展沃土。图文时代的微博、公众号迎来了首批医生 IP，通过专业科普内容收获大量“死忠粉”。短视频时代则助力个人 IP 孵化进入新高速路。网红医生一次次“破圈”。通过精准算法，以内容锚定圈层与人群，大大缩短个人 IP 的孵化周期，涌现了不少千万级别“粉丝”量的“大 V”。

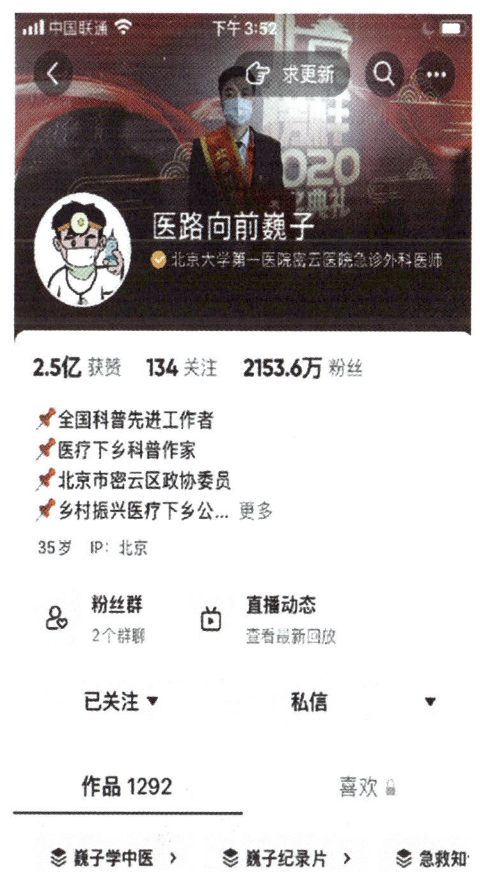

短视频造就的大网红医生 IP

除了专业医生 IP，我们也欣喜地看到医药大健康领域的“素人”起号，孵化网红 IP 大获成功。他们通过自己在细分领域的专业知识在各个平台输出观点，建立鲜明的“人设”与立场主张，并通过“人设”矩阵发挥其垂域影响力。

垂类网红代表

不管这些 IP 的主体是企业还是个人，他们都充满“人味”，不仅体现在人物形象的塑造上，还体现在真实情绪的表达或“人设”观点的张力上。在网友面前的他们，有着七情六欲，与我们悲喜相通，有故事、有经历、有思想。

“人味”十足的 IP

成功的 IP 是可亲、可敬、可爱的，好像就在我们身边。

可亲、可敬、可爱的 IP

成功 IP 的五大组成要素

如何打造一个成功的 IP 呢?

1. 明确目的

这是 IP 打造上非常关键的一步。因为 IP 打造是一件需要大投入、持续做的事情。当然也可以先开始做，在过程中逐步探索出目标。这个目标方向大致分为两类:

将患者引流到药店

（1）以业务为导向打造 IP，目标是提供产品和服务，比如推广某种护肤品，或者医生将患者引流到医院就诊，药师将患者引流到药店购药。或寻找合作伙伴，如产品代理商招商，或寻求合作机会等。

（2）不以业务为导向打造 IP，目标是扩大个人影响力，分享知识与信息。

分享快乐

2. 目标人群锚定

找到符合我们打造 IP 的目标人群，并进行圈层场景详细分析，提炼核心需求，匹配 IP 可以帮助实现价值。

目标人群画像

3. 自我分析

可以参考下面表格进行分析：

方法	要素	具体分析	可以为目标人群提供的价值
盘点自己的知识技能	知识		
	技能		
盘点自己的优势能力	能力		
盘点自己的思想	价值观		
	性格		
	动机		
盘点自己的经历	教育背景		
	工作经历		
	生活经历		
盘点自己的形象特点	外形特点		
	声音特点		
	气质特点		

经过分析我们需要回答以下几个问题：

（1）我和别人有什么不一样？重点关注差异化和记忆点。

（2）别人为什么会信任我、关注我？重点是有无信任背书。

（3）我能为“粉丝”带来哪些价值？重点是账号价值。

我是谁

4. 账号搭建

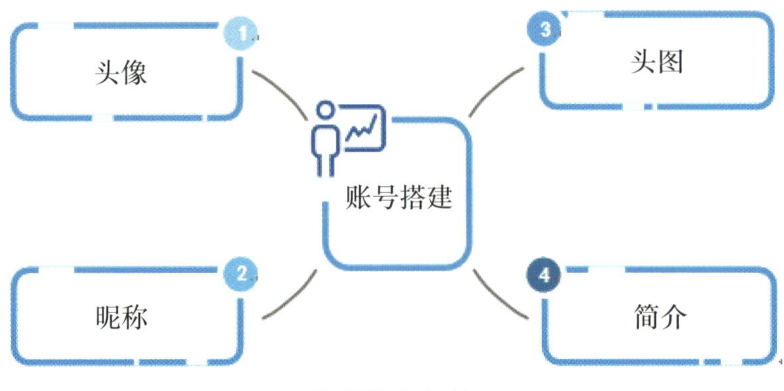

账号搭建内容

账号搭建好之后就要开始起号了。起号可以寻找对标的账号，将模仿对方的选题、文案、拍摄方式作为起点，开始自己的内容输出，并定期复盘，在不断的调整优化中逐渐形成自己的风格和特点，打造出属于自己的 IP 特色。

5. 内容矩阵建设

打造针对目标人群的多维内容库，即内容矩阵。如果我们想做的是一个具有长久生命力的 IP，那就意味着需要做长期、持续的内容输出，以多维的内容圈定人群。

（1）专业知识科普

比如药店药师介绍药品的用法用量、不同药物剂型的区别、多种药物同时服用的注意事项等，这就是一个巨大的内容宝藏。

一问一答

（2）目标人群问答

经常关注在现实场景中或者网络上的留言区、评论区里的提问，整理成系统之后也能够成为灵感来源。

（3）行业、企业介绍

可以向跨行业的用户展示行业的整体框架、关键流程等信息。注意专业术语需要用通俗易懂的话给用户解释。

（4）同行对话

引入其他“人设”的内容

互动，能让内容更加丰富和精彩，降低审美疲劳。

6. 新媒体矩阵分发

内容方向确定以后，需要考虑采用什么样的形式来承载内容、展示内容，目标用户出现在哪里，我们就以他们喜欢的方式出现。这需要结合自身渠道矩阵、各平台传播效率、目标人群习惯等综合考虑、选择。

在进行矩阵平台选择时，要注意两点：

（1）从内容形式考虑：短视频推荐抖音、快手、微信视频号，中视频推荐哔哩哔哩（B站）、西瓜视频，图文推荐今日头条、公众号、知乎、百家号等平台，“种草”笔记推荐小红书。

（2）从目标人群考虑：抖音流量最大，受众最广，内容算法实现精准推送。快手聚焦下沉市场用户。B站聚集偏好长视频的用户。知乎是专业人士的栖息地。小红书女性用户居多。

（3）从平台生态考虑：微信生态综合了公众号、短视频、直播、社群、微店、小程序，偏向私域。抖音集合了短视频、直播、抖店、社群、图文、小程序，属于公域。可结合自身需求选择。

选择最难

7. 建立 IP 私域流量

建立无门槛的社群，通过案例、资料、福利活动吸引入群；之后在社群内给高价值的成员提供解决方案，比如社群答疑、文件手册等，逐步实现社群转化。

8. 产品与服务输出

在这个过程中不断验证需求，收集用户的反馈，进一步打磨产品和服务，提供更为高效的转化和服务。

9. IP 的本质是流量变现

IP 是获取流量的重要载体，流量的本质是变现。能否变现是衡量一个 IP 打造成功与否的重要标准。

IP 营销是当前众多企业品牌破局的“良药”。通过打造对外具有穿透力的识别符号，企业 IP 建立与消费者的长效情感链接，占据消费者心智，深入人心。

IP 生意本质全都是为了变现吗

个人 IP 发展到一定阶段会成为企业 IP，比如说雷军、俞敏洪等；企业发展到一定阶段也需要一个人物化的形象来代表企业自身。

企业 IP 可以理解为企业品牌的拟人化，很多企业会选择将企业的创始人、掌舵人作为企业 IP。因为他们跟企业的理念、愿景高度趋同。特别是创始人，企业就是他擘画的蓝图。

捉药师创始人李光（前排右二）与核心团队在直播

也有一些企业选择能代表其企业形象的“素人”打造真人 IP，比如丁香医生打造的田太医健康 IP、新东方的董宇辉，他们自带流量与量级“粉丝”，以个人 IP 影响力为企业代言。

特别提醒，IP 代表的是企业的形象，因此其“人设”、人选都非常重要。

另外，需要注意这个真人 IP 与企业的关系，比如账号归属、利益分配、言行举止等问题需要明确，避免 IP 做大之后出现利益之争，这无论对个人还是企业都是巨大损失。

IP 归属权益要厘清

除了真人 IP，还有不少虚拟 IP、产品 IP，这种 IP 的关联记忆特别重要，等同于企业的品牌符号——只要看到，就能想到。

小葵花妈妈课堂 IP

百多邦软膏人 IP

企业 IP 建设的几点建议：

（1）提炼企业的愿景、使命、价值观、文化理念等，选择合适的企业 IP“人设”。塑造创始人，孵化个人抑或虚拟形象。一旦确定，就要坚定不移。企业 IP 打造是一个企业的一把手工程。

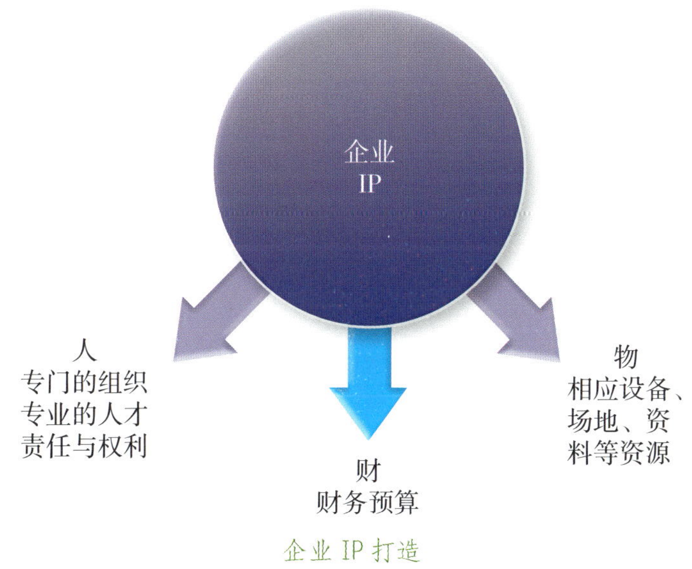

企业 IP 打造

（2）对企业 IP 进行设计或创造。将企业 IP 需要体现的人格特质如经历、性格、价值观等融入其中，明确 IP 的整体“人设”。

这些特点要体现在 IP 的外在形象、言行举止、头像、昵称、“人设”背景等元素中，通过与消费者的各个接触点传递信息。

我在这儿

请跟随我

（3）策划相应的品牌营销活动，包括但不限于广告、公众号、视频号、直播、公益活动、行业论坛等各种形式，通过持续的内容输出引起目标人群的关注。

（4）可通过场景内容加深 IP 价值传递。比如中药企业由 IP 带领观众开启溯源之旅，走进生产车间、智能化工厂，见证产品实力。IP 路演活动加速品牌的形象建立。

（5）根据需要搭建企业 IP 直播间、“粉丝”社群、会员小程序等转化基础设施，并建立完善的商品销售或服务流程，配备相关的运营人员，完成企业的产品商业转化。

第四部分的三个重要结论：

（1）IP 构成五要素：“人设”、能力、故事、情绪、价值观。

（2）根据目标人群来打造 IP。

（3）IP 的商业本质：获取流量来变现。

（安心　梁映枫　田晓锋）

第五部分

走进直播间

王桥通在直播间　　　　李华丽在直播间

线下开店，线上直播，在短视频直播时代，直播逐渐成为许多企业经营的标配。随着罗永浩在抖音首场直播带货近 1.7 亿元，全国各地的市长、县长为本地农产品、旅游景点直播“打 Call”，新东方转型直播销售农产品等直播相关话题在互联网、朋友圈广为流传后，许多药店人对直播这个新事物也跃跃欲试。

把直播的场景直接设在药房店堂，或者打造类似药店场景的直播间，是很多药房做直播时的首选。因为来到直播间的人对此有直接的熟悉感和信任感，特别是在直播间遇到熟悉的药房工作人员及专业药师的时候，就可能产生购物和健康咨询的需求。

与此同时，直播的时候可以很好地塑造我们主播的形象，我们主播的音容、专业，经过刻意地练习都可能成为我们药店很好的圈“粉”利器，为我们药店持续带来客源。

网红药师高燕在直播　　直播是圈“粉”利器

而且，现在的互联网直播平台和技术相当完善，直播不受时空限制，运营成本低，获客高效、便捷，互动性和可操作性都很强。

这种“面对面”的即时沟通方式，大众也喜闻乐见。

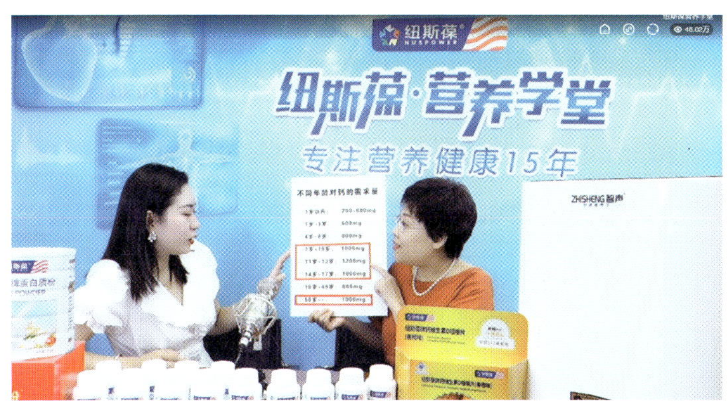

纽斯葆营养学堂直播间

知原药业专业科普 +“质润”品牌专场直播

怕对镜头不敢说话，怕没有人收看冷场，怕“黑粉”说坏话等是很多人做直播的拦路虎。万事开头难，很多时候不是我们要很厉害了才开始，而是开始了才可能很厉害。药店做直播其实并没有想象中那么难，很多药店人之所以不敢直播，要么没有系统地学习，要么缺少直播的氛围，所以，药店人做直播首先要系统地学习，其次是加入一些同频的圈子，最后就是大量地去实践和总结。

汤臣倍健联合宜草堂大药房直播

当然，谁都不是天生就会直播的，直播过程中有很多需要注意的地方。首先，要防范违法违规、侵权等风险，避免法律法规和平台禁止涉及的内容和敏感话题。其次，没有准备不要开始，没有总结不要结束。虽然直播门槛比较低，但是我们要珍惜观众对我们的关注和信任，要让他们来到我们的直播间有存在感、获得感和价值感；也要爱惜我们的时间和精力，要认真严肃对待我们的付出，让每一次付出都能够得到进步和正向反馈。最后，要诚实守信，积极担当，要对直播间说过的话、卖过的货负责。

东方红西洋参在漱玉平民大药房开启超级星主播挑战赛

想要成为一名优秀的主播，直播间总是需要有一些自己的特色语言或者代表性风格，就如一些优秀的带货主播经常会把类似“买它，买它，直播间福利，难得那么大优惠”，“我用过，超好用”，“直播价，下播后就只能原价了”等语句背下来在直播间重复说一样，最好的营销就是重复重复再重复。

重复重复再重复

对于一些新开的直播间或者不成熟的直播间，人气是很多主播关心的话题。人气一方面可以代表直播间的影响力，影响着主播的积极性，另一方面也是检验主播能力的一个重要内容。

知名药企开设的直播间

好的直播都有叠加效应

直播间人气提高离不开直播前、中、后的系统工作。例如直播前需要做好直播主题、时长、流程、预告、预热等方面的工作；直播过程中也要能够开场留人，互动感人，收尾留人；直播结束后还要做好相关数据分析、经验总结和直播报道以及多次多方位的宣传，让每次直播都能够形成一种叠加效应。

每天在各大直播平台开的直播间数量多，内容丰富，竞争激烈。我们的直播间要让人看到和记住，并形成有影响力的健康 IP，是我们特别需要做的一件事，也是一件不容易的事。

做好直播不容易

直播平台的选择也是一个难题，需要根据自身实际情况和需求多方面综合考虑。目前常见的直播平台有以抖音、快手、视频号为代表的公域直播平台和以抖药、微赞、小鹅通为代表的私域直播平台。

公域和私域直播平台特点比较

平台	创作方向	是否收费	可否交易	可否回放	直播可否联系“粉丝”
抖音	带货、科普	否	可以	不可以	不可以
快手	带货、科普	否	可以	不可以	不可以
视频号	引流、带货	否	可以	可以	在线“粉丝”，可私信
抖药	带货、科普	是	可以	可以	不可以
微赞	场景直播	是	可以	可以	不可以
小鹅通	知识付费	是	可以	免费版不可	不可以

一般来说公域直播平台主要以打造“人设”IP、增加新用户、直播带货为主，而私域直播平台以门店引流、会员管理、提供服务居多，然而医药关乎生命健康和安全，比较敏感，各大平台限制比较多，所以推荐优先考虑使用私域直播平台。因为这样我们的直播更可控，更不会被限制，而且相对而言操作性更强，更能够结合使用社群、小程序等私域工具，做好相关私域营销工作。

私域直播更有助于门店引流和会员管理

让人愿意走进的直播间有四个特征：

1. 有健康知识科普的直播间让人停留

知识科普是直播很重要的一个功能，特别是一些与主题相关的潜在人群，他们很希望通过收看专业权威的科普知识直播解决心中的疑惑，正所谓“有病治病，没病预防”。一般来说老年群体和亚健康人群比较喜欢这类直播，而且停留时间较长，很多可能都是全程收看，甚至还会认真做笔记，积极主动做分享和传播。

2. 有产品销售的直播间让人好奇

在直播间销售健康类的产品也是很多健康领域主播的一个重点发展方向，市场需求巨大。一些保健养生类的品类，会因为季节、受众人群而得到热销。在不同的季节，会出现不同的市场需求，比如秋冬时需要散寒滋补类的会多一些，而春夏需要清肝健脾类的偏多一些；也会因为不同平台的用户属性情况不同而影响销售品类，比如小红书更多以美妆护肤居多，而抖音、视频号则以养生食材居多。这些直播间比较容易引发人们对产品类型和价格的好奇。

厦门市第五医院互联网医院的直播云课堂

3. 有互动交流的直播间让人关注

那些经常与“粉丝”互动，让“粉丝”参与连麦等互动交流的直播间，让“粉丝”有参与感、获得感、荣誉感，使非主播人群一样有被看到、被肯定、被需要的机会。他们更愿意关注这些直播间，希望在这类直播中有自己的立足点，贡献个人的价值。尤其是一些直播间还会积极引导参与转发、进行抽奖等互动活动，比较容易得到“粉丝”的关注。

龟鹿药业在直播

4. 有私域“粉丝”运营的直播间让人感动

微信私域有比较强的黏性，有比较好的触达性，扩散传播相当及时有效。有担当、讲诚信、专业的主播提供精细化的贴心服务，很容易感动“粉丝”，培育用户。而持续输出个性化价值观，内容是关键。让人感动的直播间，大多严肃认真对待“粉丝”，尊重“粉丝”的时间和感情，主播用个人的人格魅力引领他们。

主播与“粉丝”良好互动

用心直播才能感动人

王旭琴早起创造奇迹训练营天天直播

第五部分的三个重要结论：

（1）持续不断直播，一定会带来新的客流。

（2）开通直播间简单，系统运营不简单。

（3）让人愿意走进直播间停留观看的四个特征：健康科普、产品销售、互动交流、“粉丝”运营。

（王桥通　高燕　蔡思韵）

第六部分
短视频风口

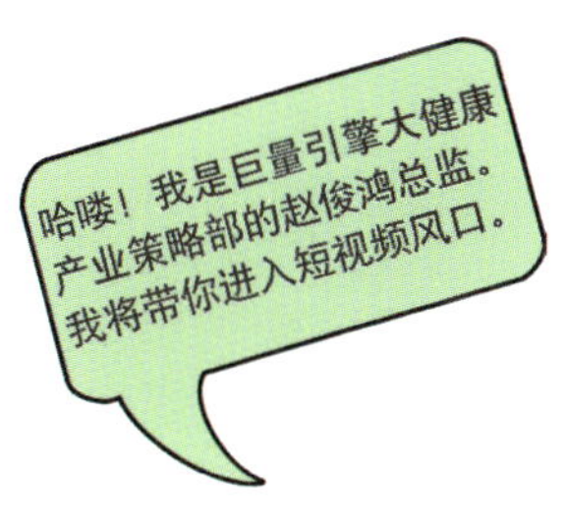

赵俊鸿 IP

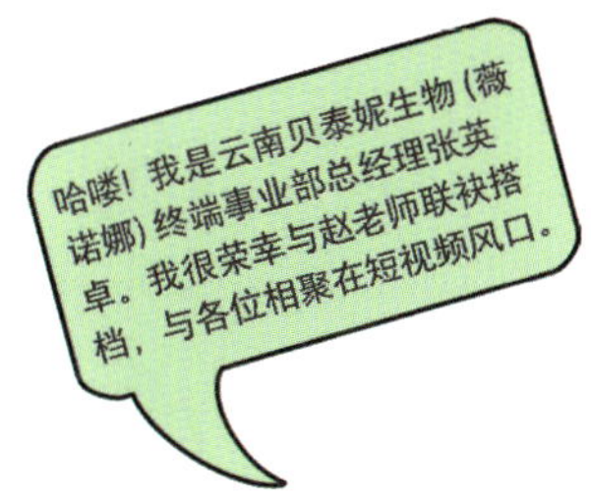

张英卓 IP

最近这两年，大家提到的网红，往往是来自短视频的世界，如教女生们口红色号的李佳琦，交个朋友的罗永浩，带着男女老少齐跳操的刘畊宏，卖着农产品吟着诗的东方甄选董宇辉。号称三个月一迭代的短视频网红们，上演着一幕又一幕的一夜爆红，从有趣内容到直播带货的故事。那么这一切又是怎样开始的呢？

这一切都是如何发生的呢

短视频，何为短的视频？泛指 5 分钟内的视频。早在 2004 年，土豆、优酷、酷 6 网这一批视频网站就让普通人开始自己的短视频创作。土豆网带动“土豆映像节”，推出一批优秀的草根短视频创作者，其中不乏“叫兽”这种初代网红创作者。5 分钟内的视频内容好玩有趣，在早期的网络上留下了一种叫“病毒视频”的玩法，比如《一个馒头引发的血案》（这种二创视频在今天的短视频 App 上同样流行）。优酷在合并了土豆之后，在短视频基础上更是开创了微电影，并引领这一潮流。除了《老男孩》这样的情怀微电影，马应龙、华润三九、金嗓子喉宝更是在大健康微电影营销上登峰造极。微电影“走心”之余雅俗共赏，一时间，微电影营销成为流量密码。

马应龙短视频《菊花的秘密》

马应龙短视频《屁股欢乐颂》

到了 2013 年，4G 时代正式来临，人人都在手机上刷视频，彼时长视频越来越长，有人发现了人们对短视频碎片化信息的需求。这时候，就有了第一个短视频 App——快手，此后几年直到 2016 年之前，小影、腾讯微视、魔力盒、秒拍上线，秒拍、美拍都在角逐短视频这个新兴领域。彼时它们的传播大多内嵌在微博里，借助社交媒体进行内容传播。

抖音横空出世

抖音大城市，快手新农村

2016年，抖音横空出世，作为赛道的后起之秀，抖音靠着字节跳动大数据的精准推送能力，将有趣好玩的内容推送给用户，同时结合当时的潮流，推出了更具互动感的贴纸挂件、火爆的抖音神曲。一曲《学猫叫》从幼儿园到韩国的音乐大奖都在播放，唱跳一体的酷炫小哥哥小姐姐，助推着抖音热潮，一个又一个网红达人、网红城市在抖音短视频里诞生，短视频App开始成为真正的国民应用。

以抖音、快手为代表的短视频走上了两个方向：抖音主攻超一线和一、二线城市，丰富多彩的都市生活，城市霓虹，正好是抖音的底色；快手则以喊麦“老铁”构建了另一幅风景，新农村风貌一边接地气，一边向世界传递着一种归田园居的惬意与直爽。

究竟短视频有什么魔力？据说短短15秒，足以在短视频里讲述一个完整的故事，而这15秒，完成了从认知到认同的价值观跨越，完成了观看者与创作者的合一体验。任何人在抖音上看一个达人的内容，只需要点击拍同款，就可以用同样的贴纸、同样的滤镜、同样的音乐展开创作，参与话题互动，赢取现金奖品及流量激励。好看又好玩，参与创作的门槛被技术拉低，流量精准推送，又解决了用户与内容的关联问题。你说，短视频是不是个优质的信息传播载体？

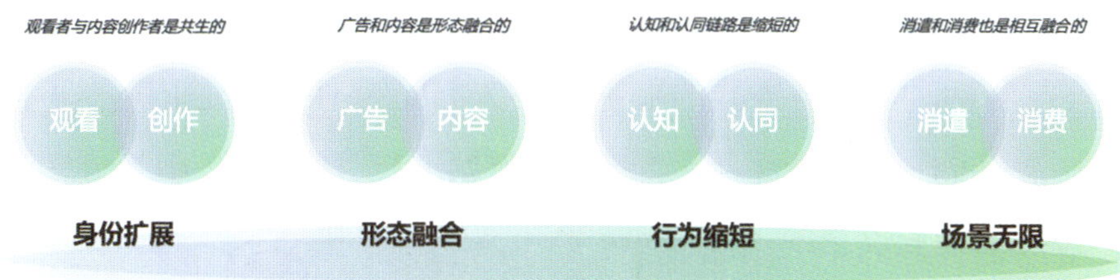

短视频对内容消费场景的四大影响

到了2020年，一直在短视频门口徘徊的大健康领域，一些医生开始在短视频平台爆火，前有疫情期间坚持记录自己新冠康复过程Vlog的徐昌平医生，以及“医者仁心”陶勇医生，后有热衷分享日常病症和康复信息的鹤叔、巍子医生等，医生的个人互联网影响力借助短视频得到放大。疫情期间三九感冒灵被抖音达人在国外赠给流浪汉预防疾病的短视频走红；维矿类营养保健品在短视频上得到大量的销售转化；日常健康养护的生活观念随着短视频得到更多传播。从药品到保健品，从养生观念到运动训练，围绕着大健康的短视频内容生态逐步形成，抖音里甚至有了《超级医生》这样的短视频节目。短视频成为健康科普的绝佳载体。

薇诺娜在健之佳直播

三九感冒灵在 2020 年新冠肺炎疫情期间，发起“这一刻被融化了”的活动，风格各异的短视频达人打造立体的话题内容，不同场景演绎同一个主题——“暖暖的很贴心”，其中抖音中关爱流浪大爷的短视频收获“出圈效果”。

三九澳诺在抖音发起“宝宝 dou 是钙世英雄”经销商话题挑战赛，同时发起 5000 人经销商大会，200 个城市的经销商共同参与，贡献了 63.2 亿话题内容播放量。

2021 年，抖音开启了兴趣电商，借助短视频流量池，激发消费者兴趣。这一生态的调整，意味着短视频从内容场转向直播场，一时间如何做好直播带货成为全

兴趣电商直播生态开启

民关注点。交个朋友直播间、大狼狗夫妇、天才小火龙、小杨哥这些直播网红在带货，同时各个品牌也开展了自己的直播。

汤臣倍健依托自己不同品类线针对不同人群建立了十几间直播间，做人群细分，“小粉瓶”“胶原蛋白软糖”成为网红保健品。诺特兰德通过海量 KOC 健身教练群体，将维矿 / 蛋白粉等产品与健身场景相结合，深耕健身人群，打造出业界的“诺特兰德模式”。

短视频引流，直播间带货，通过内容精准分发，找到自己的用户，不断地通过大数据人群运用，实现货找人的高效生意转化。2022 年的短视频已经不只是生活娱乐的一部分，更是商业和营销的一部分，甚至是相当一部分新锐品牌渠道的延伸。

短视频直播就是新锐品牌的渠道延伸

抖音电商通过短视频直播，实施了自己的“FACT”经营策略，即做好商家自播 Field(建立商家自运营电商场景)，创建达人矩阵

Alliance（借势达人构建内容引流），开展营销活动 Campaign（抖音电商大促活动），重用头部大 V Top-KOL（头部主播更能带动直播转化效率）。在 2021 年的“抖 In 品类日”活动中，Swisse 通过该策略，实现综合 ROI 大于 2，直播增“粉”4.6 万，其中自然流量占比更是高达 48%。

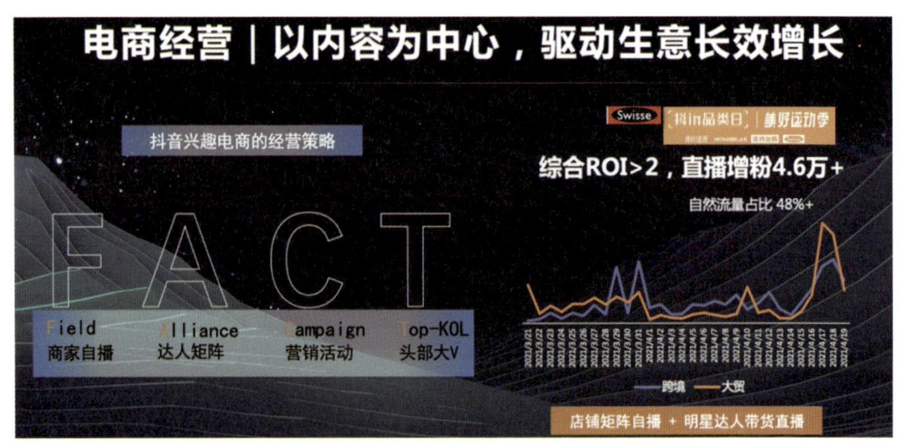

抖音的 FACT 策略与 Swisse 实效

未来，短视频和直播终将成为大健康领域的新营销渠道，而我们除了要在上面建造影响力，打造网红药师 / 医生 / 科普传播者之外，更需要在短视频生态里打造包括健康 IP 在内的各种营销链路，最终实现从内容到变现的可持续发展之路。

短视频	用户规模	使用率	预计市场规模
2022年6月	9.34亿	90.5%	2000亿元
2025年			4000亿元

短视频的市场规模

一青年医生获得《人民日报》评选的“人民名医 · 青年新锐”称号，其中一个加分项就是他在抖音做科普，拥有 30 万“粉丝”。

名医抖音科普

让短视频成为每一个大健康工作者传递健康理念和知识的渠道，让短视频告诉人们更健康的生活方式，健康达人们，我们一起加油吧。

要做的事情很多

第六部分的三个重要结论：

（1）15 秒的抖音短视频，是最让人赏心悦目的时长。

（2）短视频是绝佳的健康科普载体。

（3）精彩的短视频是内容场到直播场的生态链接点。

（赵俊鸿　林懿行）

第七部分

直播带货的喜悦与烦恼

全民直播时代，直播已成为企业增长的标配。直播电商的超强变现力对传统电商呈碾压式的绝对优势。“买买买”，头部主播的号召力带动“粉丝”经济，催生兴趣电商井喷式发展。

从人找货到货找人，通过短视频内容“种草”，在直播间“拔草”消费的新营销模式，在潜移默化改变着患者（消费者）的购药行为。药品销售从传统的线下渠道，转变为线上医药电商，再到“线上 + 线下”的医药新零售。疫情之下，实体经济遇冷，门店到店率、销售业绩持续下降，加之网购冲击，让不少零售药房主动或被动开启直播带货，尤其是在工业企业的助力推动下，一次又一次尝试，努力走出一条破局之路。

兴趣电商兴起

2021 年汤臣倍健与国大药房举办的连锁最强音主播赛

汤臣倍健作为国内最早在各大医药电商平台销售产品且销售

额名列前茅的著名保健品企业，近年来与各地知名连锁药店广泛开展联合直播业务，取得不俗业绩，同时也在药店领域形成了汤臣系特色直播。

汤臣倍健与国内知名品牌药店联合直播

汤臣倍健直播给合作药店带来新用户

无独有偶，东方红西洋参、龙宝药业、纽斯葆等企业也在与药店的联合直播过程中，颇有建树，令人瞩目。

大参林联合东方红西洋参、广东经济科教频道举办直播活动

维康大药房与龙宝参茸合作，开展养生达人直播，北上长白山，寻根道地参

纽斯葆营养学堂开播

许多药房在直播中尝到了甜头。“直播 + 线上商城”的模式大大提升了会员的活跃率与转化率，还带动了门店的流量。特别是已经布局了线上商城的药房，在直播的加持下，为会员带来更便捷、更及时、更专业的营销与售后服务。“素人”开播，一夜爆红，主播成为门店获客引流的超级 IP。

药店直播众声喧哗

然而，在直播一片欢天喜地表象的背后，却暗藏危机。不只是“几家欢乐几家愁”，“欢喜之中有烦恼”。频繁的、单一的带货模式容易产生审美疲劳，会员很快就失去新鲜感，流量、转化表现每况愈下，直播带货似乎难以为继。再加上在公域平台对于医药、医疗的强监管，一些通过微信视频号、抖音号做直播的药企，因对违禁词、敏感词、规则红线不了解，频频出现账号被封、直播限流等危机。终于，对直播这件事，大家从兴致勃勃，到开始产生怀疑，感觉到直播本身的不确定性。

直播也有困惑

现在的情况是，医药健康行业的直播间越开越多，直播的频率越来越高，但到直播间去的观众却越来越少，停留的时间越来越短。不论是公域还是私域，引流成本越来越高，直播带货的成交率、转化率越来越低。直播城墙外的人争先恐后想挤进来，直播城墙内的人好一个“愁”字了得。

怎一个“愁”字了得

医药健康直播的本质不是卖货，而是“内容 + 服务”。“知识付费 + 带货”的新东方直播出圈，给予医药直播新的思考。以传播专业健康知识为导向的“直播 + 医药”与新东方的直播模式是如出一辙的。医药直播到底要怎么做？如何持续做下去？工、商应该在直播生态里做怎样的融合？成为大家共同关注的话题。

私域直播备受关注

要在医药健康行业“续喜解烦”，首先是要培养行业主播及运营人才。2022 年 7 月 30 日，由中国医药物资协会研究院和厦门大学知识产权研究院联合组织主办的“中国医药物资协会厦门大学第一期健康 IP 研修班”顺利举办。课堂教学结束后，全班同学采用工商联播体系（F2B2C），通过抖药平台开展健康达人直播“PK”赛。以岭药业、万全制药开设的工业直播间，实时分播到厦门鹭燕大药房、康佰家大药房、杭州九洲大药房 9 个片区的门店。由执业药师担当主播，尝试“知识付费 + 带货”的健康科普直播。此次学员来自品牌药企、连锁药房的电商运营部门、直播运营部门等。50 位优秀学员顺利完成通关，获得结业证书。这也标志着专业直播生态平台、体系化的直播培训、直播人才梯队已悄然形成。

直播生态建设其乐融融

中国医药物资协会厦门大学第一期健康 IP 班的直播赛教学演练

我们必须体认到医药健康直播是一个生态体系工程。工商融合，抱团赋能，才能发挥真正的价值。华润三九、汤臣倍健、九芝堂这些知名药企就曾联袂老百姓、益丰、大参林等连锁药店巨头在全国开展专题直播活动。品牌药企借助大连锁的庞大会员群体做高效触达，连锁药店则借助品牌方的产品政策、名医专家学术推广，为其会员带来更高性价比的产品及知识服务溢价。零售药房在直播的探索上，从供应链的丰富度、直播内容的结构化、营销的新玩法、社群的留量 SOP、主播团队的培养等多个维度，不断提升直播效能。健阵、海典打造出的供应链云仓模式，就是赋能药房直播供应链的。引入医美、药妆、保健品、食品的等品类，全方位贯穿会员的生活需求场景。近期，在福建等地中小连锁药店开展“乡情土特”联播活动，对于加速会员在线化管理、激活私域会员、供应链创新引流拉新等，都有一定的现实意义，值得医药健康直播生态链上的每一家企业、每一个实践者学习借鉴，协同共进。在前进中解决问题，在坚持中克服困难，天天向上。

第七部分的三个重要结论：

（1）目前的医药健康直播，喜悦与烦恼同在。

（2）共同推进医药健康直播生态建设，可以让直播这件事变得其乐融融。

（3）健康直播 IP 的一个使命：让老百姓对我们的健康直播喜闻乐见，刷我们的健康视频，并成为其健康生活方式的一部分。

（林懿行　王俊阳）

第八部分
“粉丝”就是我的衣食父母

李虹 IP　　徐鸿哲 IP

为什么“玩”自媒体的用户那么多，成为网红和 IP 的却很少？为什么别人的视频一拍就火，“粉丝”上万，而自己的却无人关注？其实这都取决于你有没有“粉丝”，有多少“粉丝”。但是，你懂“粉丝”经济背后的底层逻辑吗？你会“粉丝”运营吗？

我其实不懂“粉丝”

我是一名来自以国人消化道健康为使命的医药工业新零售操盘手，在消化领域，我们建立了消化病学、消化内镜学这两条线，涵盖工程院院士及全国历任消化主委、副主委在内的国家级和省市级立体 KOL 网络。区别于 KOL 的个人品牌（学术）影响力，如今我们正在培养一批离消费者更近、患教更接地气的 KOC，我统称他们为健康达人，他们可以是网红医生、网红药师、网红营养师，也可以是养生达人、医美达人等。通过这些健康达人们的表现力，并借助互联网工具将品牌工业的信息一站式、内容一站式、活动一站式触达终端 2B 和消费者 2C，以达到传播途径广、下单路径短的效果，从而使单位教育成本更低，边际效益更大。

KOL 与 KOC 区别

我生活在带有网红滤镜的城市——杭州，这里有李子柒等众多大网红。网红是“互联网 +”时代下的必然产物，在这些大网红的引领下，在各种“草根”逆袭和创造暴富神话的推动力下，网络主播成为一种新兴职业，引得众人跃跃欲试，而支撑 IP 的背后则是完整产业链的运营。网红主播们的商业变现，无论是个人还是品牌，都得益于“粉丝”的数量和质量，得到什么样的“粉丝”群体等同于得到什么样的市场。在流量依旧为王的时代，想要在网络“出圈”乃至“破圈”，我深知打造 IP 的重要性。清晰的 IP 定位、高质的短视频内容、活跃的账号运营、高频的用户反馈和累积优质的“粉丝”切入，是从 0 到 1 打造一个能赚钱的 IP 的关键路径。换言之，“粉丝”就是我的衣食父母，他们是用“爱”发电的顾客，顾客的想法，就是我的做法。

远力健和东方红西洋参主播注重与“粉丝”互动

陶文平董事长直播长白山道地产区的东方红西洋参

廖佳慧与"粉丝"进行互动

有人问我，到底怎么样才能获取流量、吸引"粉丝"？人做一切事情都是凭"感"和"觉"，就拿抖音为例，好的抖音视频就是拍抖音所想、拍用户所需。当完成一个作品时，我会反问自己，该作品容易聚焦、容易理解、容易互动吗？该作品是有情、有趣、有用、有品，还是人美、景美、食美、货美？如果这些因素都不具备，吸"粉"效果大概率是不如意的。吸粉的"吸力"是优质的内容。正所谓内容为王，好的内容就好比"锦上添花"的"锦"，内容代表你的思想，即传递给用户的价值观、快乐和科普知识等。例如，医药科普账号的运营，其短视频一定需要内容去承载专业、可信赖的形象，吸“粉”的核心一定是干货，是值得信赖的、十分专业的、分享不完的小知识、小技巧、小贴士。如是人物出境，可根据个人的不同风格打造不同的形象（可爱风趣、成熟稳重、简约大方），在视听感上，整个画面感、视频背景音乐、人物说话等要让人感觉舒适。医药科普账号的运营，背景不可太花哨，整个风格需呈现干净整洁的画面，背景音乐要舒缓。

获得“粉丝”要有些小技巧

“粉丝”裂变是基于带动“粉丝”分享的驱动力，所以又回归到分享内容的价值是否被“粉丝”认可的问题。涨“粉”和IP变现，不能当成是目标，本质上它只是结果，是本着“利他”的价值观，在互联网上输出有价值的内容，用户认可后的结果罢了。当“粉丝”到达一定数量后是会遇到瓶颈期的，这是每个KOL/KOC都会遇到的问题，这个阶段需要坚持输出优质内容来稳固原有“粉丝”数量，还可以引导“粉丝”加入“粉丝”群，增强“粉丝”的归属感，同时还需要做内容创新，内容绝不能千篇一律。然而热爱才是最好的老师，你有多热爱，就能创作出多出众的内容。在足够热爱的前提下，纵然只是一道最微弱的光亮，也会洒向需要温暖的生

“利他”思想很重要

活；即便只有一副最轻薄的翅膀，也要拍动向往苍穹的身躯去迎接它的翱翔。坚持输出有价值的“利他”内容，越垂直越好，总能吸引到一部分志同道合的人，即使再小众，在足够大的中国市场和互联网环境下，汇聚起来就是长龙。我们曾经也迷信过加“粉”神器，然而烧钱获得的“粉丝”只是无意间刷到你的直播间，可能进直播间几十秒后就全部走光；给你 1 万个不精准的“粉丝”还不如 100 个精准的有信任度的铁杆“粉丝”。通常一条或几条优质内容的突围，就能实现有效涨“粉”。当有了一定“粉丝”数量，不要急于去变现，如果产品和服务没做好，“铁粉”也会变成“黑粉”，相反，如果产品和服务做得好，信任会累计增加，累加到一定程度会变成口碑，这时“粉丝”也会自发帮你传播扩散，这才是我们运营新媒体所想要达到的最佳状态。

“粉丝”的每一次点赞、收藏和评论是我们坚持创作的最大动力。诗人告诉世人：黑夜给了我们黑色的眼睛，而我们应该用它寻找光明。在这媒介碎片化的移动互联网时代，在大众行业，作品一定要“玩”出花样，才能出奇制胜；细分领域，另辟赛道也是不错的选择。企业需要 IP，品牌需要 IP，个人需要 IP，IP 化的营销才能让“你”变得更值钱。所谓的吸“粉”能力等于吸“金”能

主播有感染力很重要

力，也是IP商业价值的体现，不管今天你找货，还是明天货找你，自己永远必须是第一个消费者，做好品质管理才能保障好口碑。随着合作厂家的增多，好产品自然也会越来越多，货好且便宜不仅不会掉“粉”，还能圈“粉”。主播在直播间销售产品时，好的主播就算隔着屏幕，“粉丝”们也能感受到其感染力，有的有群体感染能力，有的则有个体感染能力。所以，在很多公司你会看到一个人看上去很不起眼，平时也不太说话，甚至很害羞，但他却是公司的“top sales”。这种往往是具有个体感染能力的人。有群体感染力的人适合做大众产品的销售，他做一次直播或者做一次演讲可能就赚得盆满钵满。他不用太注重个体的差异，数量就是成功的法宝。具有个体感染力的人则更适合高端产品的销售，他更擅长洞察个体的差异，更慎重挑选他的客户，通过品牌差异化创建壁垒。

回归到“圈”内的医药行业，我们见证了朗迪钙开设了一个IP名叫“朗迪兄弟”的动漫账号，目前在抖音平台有200多万的“粉丝”量，实现365天内容天天见的内容模式。首先，动漫形象非常近地接触消费者，内容有趣，用户自主查看，是免费的广告流量；

其次，医药企业面临广告限制的问题，动漫形象可以一定程度上规避医药监管的限制。这无疑是一次大胆和成功的尝试，从定位到内容到运营，每一步的精准出击，使其在较短的时间内孵化成为医药品牌抖音第一商业 IP，甚至高出三只松鼠等消费级商品好几个等级。区别于传统电商坐等客户上来搜索，产生交易行为，内容型社交电商则主动出击，刺激客户潜在需求转化成目标客户从而产生成交行为，而这样的客户黏性更强，久而久之或多次“种草”后，就成为“粉丝”。该账号的“粉丝”以女性群体为主，特别是年轻妈妈群体，而抓住妈妈，即抓住了家庭用药的决策者和购买者。

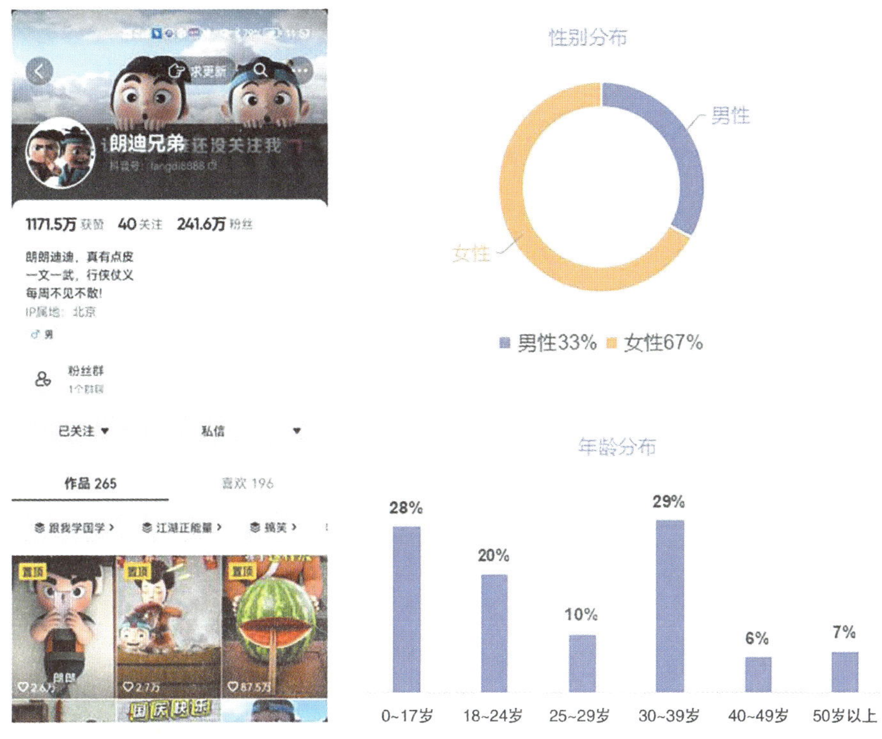

朗迪兄弟 IP 更吸引女性群体

山高人为峰

一条视频的引爆让我们见证了短视频的传播力，一场直播带货的 GMV（gross merchandise volume）能抵得上实体店几年的销售额。时代从没有缺少过流量红利，燕雀虽小亦可载鸿鹄之志，浩海再大终须见边际之碍，心底之广不只为吐纳百态，天地之宽唯供奉不羁前行。“粉丝”从遇见、认识、喜欢、相信到跟随，我们对待“粉丝”如爹妈般关心，我们彼此爱护和尊重，在新的生态和新“玩”法里，我们讲流量池和大数据算法，讲公私域运营，唯独不问出身。

第八部分的三个重要结论：

（1）吸“粉”不靠神器，要靠优质内容。

（2）“粉丝”需要运营，要培养更多 KOL 和 KOC，尤其是后者。

（3）“粉丝” 就是我们的衣食父母。

（李虹　徐鸿哲）

第九部分
内容输出为王

周俊贤 IP　　林圣杜 IP

2021 年，市场营销费用投放数据显示，企业推广逐步进入无广告时代，内容营销预算增加位居首位。转化能力成为投放选择的重要依据和考量，内容实效广告更受广告主的认可。新消费群体更青睐个性化沟通，讲求内容共情力，愿意为情绪价值买单。通过精准算法，以内容锁定圈层人群，帮助产品、品牌找到人，找对人，做对的营销，做对的服务，成为新营销主流。

随着直播短视频的普及，内容营销的崛起，行业内陆续出现现象级的营销案例。振东达霏欣主办的抖音挑战赛——拯救发际线活动，播放量破 100 亿大关，线上线下、公域私域全面引爆。网红 KOL、达人 KOC、中腰部内容创作者、“素人”都参与了此次话题。在此之前，振东早就全域布局好达霏欣的产品内容矩阵，做了大量内容教育、“种草”。通过梯媒、地铁、高铁、抖音、小红书等多平台曝光引流进行品牌赋能；携手中国营养学会搭建毛发健康研究中心，为消费者提供脱发专业诊疗方案，进行学术赋能；直播科普、“没毛病研究所”快闪活动，激活年轻群体流量，进行流量赋能；门店带培，建立标准服务流程，提升店员专业水平，进行培训赋能；生发专员覆盖百城，生发公益行走进千家万户，拓客转化成交，进行动销赋能；专属客服团队，一对一全程用药及毛发健康管理指导，提高顾客黏性，为连锁药店增客锁客，进行服务赋能。这个案例，非常值得药企在内容营销“种草”经济及新消费场景下借鉴与思考。

振东的话题挑战赛

形式与内容哪个更重要

与形式相比，内容输出无疑更为重要。而内容输出的主体是主播。在医药健康这个垂类，不是什么人都适合做主播的。这不，规定来了。

首页> 新闻> 公告公示

国家广播电视总局 文化和旅游部
关于印发《网络主播行为规范》的通知

2022-06-22 15:00 来源：人事司 视力保护色：【字号：大 中 小】 分享到：

重磅！官方：药类主播，要有执业药师资质！

新规出台

近年来，专家型主播主导的医药健康科普的短视频直播内容逐渐走进大众视野。根据《2021 医疗科普短视频与直播洞察报告》，73% 的用户曾在手机端看过医疗科普类短视频或直播，51% 的用户关注医生博主账号。由此可见，国民健康意识的觉醒与健康管理的提前化，衍生出了庞大的未被满足的健康需求，用户通过内容平台获取医疗健康科普知识，成为当下的主流方式。但主播资质、内容输出真实性与专业性在商业化导向下，对于用户的正确判断、选择有一定的安全性隐忧，故各大平台一边努力满足用户的需求，一边又对内容进行更强的监管。药类主播的新规出台，给药店打造健康 IP 和高质量健康科普内容生态以更多的规范，以及更大的发展空间与机会。

总裁直播蔚然成风

医药健康短视频直播回归服务本质，要解决消费者对健康知识与健康服务获得感低的问题。医药工业端要为消费者解决产品如何用、如何用好的问题。由于专业性内容是有门槛的，工业端的有效介入融合，可以说是对商业端极大的赋能。在连锁私域直播上，药企主播的专业性与连锁主播的带货能力实现了完美结合。维康药业连续两年联合连锁药店发起“维康好声音”短视频大赛。以声音传播品牌，以文化促进销售，线上线下，带动“银黄滴丸”受众关注度与销售额同步提升。

维康好声音

以岭药业自 2021 年就与全国百强连锁河北唐人医药发起助眠直播，帮助有睡眠障碍的人群。2022 年的“3 · 21 世界睡眠日”，双方再次携手开启助眠爱心公益直播活动。借助唐人医药庞大的会员群体，结合以岭强大品牌力，“晚必安”面向精准受众，通过直播的实效性、即时性、互动性，呈现了一次高质量、高水准的工商融合内容直播。工业的价值患教赋能连锁拓客引流，连锁的“直播＋私域”助力工业产品找到对的用户，做对的营销。以岭药业跟唐人医药的合作一直很紧密，此前双方就共同打造了“5 · 10 以岭品牌日”系列直播活动。发起各种不同专题的科普公益直播，内容涉及心脑健康、补肾养精、血糖达标、中医改善睡眠等，将大家关心的居家健康问题解决方案送到千家万户。同时，在线直播活动与连锁门店联动，不仅让消费者在线上收获健康知识，更让大家享受到在家门口一站式的贴心购药服务。

以岭药业的世界睡眠日直播

内容的输出和传播离不开“公域＋私域”的全域营销，但私域盘活是关键。抖音、快手、淘宝等平台的内容传播，看似很多推流套路，如关键词、热点爆款等，实际上视频直播的分发权还是掌控在平台手中的。相对于这些公域流量，企业和个人私域才是真正的去中心化流量，也是唯一能够自主激活、有一定月活用户的渠道。董宇辉直播能在短短5天席卷全网，只因有一个“粉丝”把他的直播剪辑成短视频发到朋友圈，瞬间开始病毒式传播扩散。企业必须尽可能盘活私域流量池，才能寻找到真正的流量密码。

通过直播盘活私域

私域需要内容激发。以打造健康科普内容生态为核心，以直播作切入点的医药大健康直播赋能平台——抖药带来了新的惊喜。通过平台的F2B2C的分播体系，借助品牌药企的整合营销能力、健康科普生产能力、名医专家资源，赋能药店一键获取海量健康科普短视频内容。抖药加上企微CRM实现会员标签管理，精准健康科普内容推送，做质量触达。打通短视频内容与医疗服务、购药的链路，实现患者“医＋药＋健康管理”服务闭环。

抖药注重内容和私域

执业药师以及相关专业人才，作为药店会员健康管理的重要力量，除了对会员输出健康科普内容、专业服务外，也可以尝试在公域内容平台打造药师个人IP。每个药师IP对用户来说都是一种专业“人设”，内容共振，药师与用户建立起长效、可信任、有黏性的新型关系。对药店经营者来说，通过药师IP矩阵效应，可实现企业品牌溢价、知识付费，内容引流，“公域＋私域”双驱动。

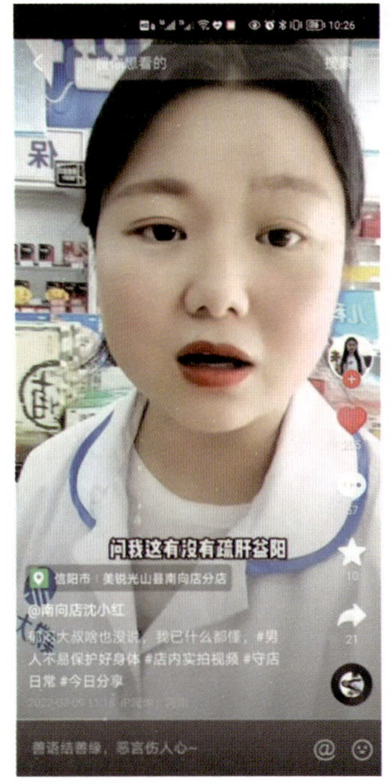

专业主播呼之欲出

健康达人 IP 是全域营销主力军

第九部分的三个重要结论：

（1）内容为王，新营销主流。

（2）医药健康垂类主播有资格准入要求，绝对利好健康达人的内容制作与分发。

（3）好的内容对用户有黏性，可以形成“医 + 药 + 健康管理”闭环。

（林懿行　林圣杜　李华丽）

第十部分

我是健康达人

郭兵 IP　　赵卫青 IP

达人，在跟互联网扯上关系后，是近年来的一个热词。达人效应在内容营销、品牌运营上显现出优良效果，因其高于传统电商的转化率而倍受广告主的青睐。企业从与达人合作直播带货，达人矩阵内容“种草”，到自主孵化企业达人，探索出了企业品牌拟人化、与消费者共情化的新营销赛道。而在提倡全民健康、推崇人民健康的现代中国，健康达人也已经走进我们的生活，成为人民群众健康生活方式的引领者、普及者、示范者。

健康达人在健康中国战略实施过程中，作为全民健康的重要组成部分，受到地方政府及其相关组织的高度重视，发现、培养、评选健康达人，已开始成为倡导健康生活方式、普及健康知识的一种社会风尚。

健康达人在我身边　　健康达人的五个标准

值得关注的是，在抖音、快手这些大流量平台，伴随用户对健康需求的不断提升，也涌现出众多专家型健康达人。他们不同于带货达人，以名医、专家为首的医生达人 IP，为用户传递有价值的健康科普知识，通过专业“人设”建立起了消费者对健康达人的新认知。同时，健康达人百花齐放还体现在不少银发一族，通过健康养生、健康运动等内容创作，也同样收获大量“粉丝”，实现“草根”爆红。

为健康而播

在医药行业，不少企业也在尝试打造健康达人 IP，与药房会员建立拟人化的关系也有不少现象级的案例。

杭州九州大药房的南药师 IP

阿康大药房的阿康君 IP

在医药工业端，打造健康达人 IP 有利于传播企业品牌、产品品牌。特别是品类线较多，且竞品较多的企业，更需要抓住消费者注意力，建立消费者品牌心智，让消费者有需求时，能想起、想购买，且能便捷买到。但需注意，不管达人 IP 是真人，还是拟人化形象，其外表、性格、谈吐要跟品牌调性、传递理念高度趋同。而且对消费者来说，记得住是关键，所以性格鲜明也是重要因素。

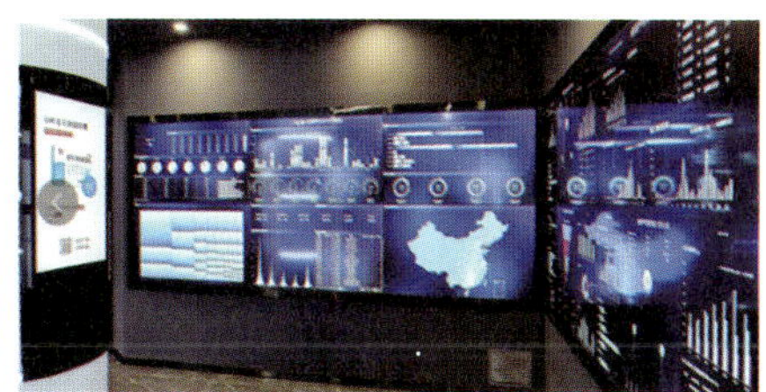

带直播功能的金丽声数字药房

下面有请两位健康达人，我们听听他们怎么说。

大家好！我叫颐圣小鹿，出生在医药世家，我家历代都在大健康行业耕耘，前后传承十一代，专注中成药，但我不是药神，我是健康达人。我的曾曾……曾祖父是明末清初太谷县的名医，创办了颐圣堂，行医治病，虔诚制药，凭借精湛的医术和笃实的制药技术，声名鹊起。

颐圣小鹿

我的祖父杨巨奎更是了不起，制药技艺获得国家非遗传承人的荣誉，还是多位首长的保健医师，祖父不仅长于医术，精于制药，而且深谙健康的真谛。从祖父那里，我了解到中医药文化里的“健康”，不仅是没有疾病和身体缺陷，还要有完整的生理、心理状况和良好的社会适应能力。我为中医药文化感到骄傲，为生在这样一个世家感到自豪。现在我家已经传到第十一代了，我耳濡目染，自然差不了。我要做健康达人，从自身做起，热爱运动、合理饮食、注重养生，且热心公益，热衷传播，我要把健康带到千万家，践行祖父的座右铭：愿天下人长寿，祝千万家安康！

愿天下人长寿，祝千万家安康

在疫情防控的特殊时期，我想方设法保证防疫物资的供应，口罩短缺，我就免费提供给市民；过年期间不停产不打烊，助力区域网格化防疫工作开展。疫情好转后，防疫不松懈。我特邀名医专家开展线上直播，为大众科普健康知识，互动问诊，深得大家喜爱。

《素问·生气通天论》中记载："阴平阳秘，精神乃治，阴阳离决，精气乃绝。"这句话表述了平衡对健康的影响，人体只有保持一种阴阳平衡的状态才能保持健康，一旦失去这种平衡，人就要得病。我家生产的药，最大的特色就是讲究阴阳平衡，药性平和药效好，当然这都是祖先们智慧的结晶。

老子曰："天之道，利而不害；人之道，为而不争。"凡益之道，与时偕行，在建设健康中国的道路上，我定勇于承担起中医药人的责任，遵循中医药发展规律，传承精华，守正创新，充分发挥中医药在治未病中的主导作用、在治疗重大疾病中的协同作用以及在疾病康复过程中的核心作用，把健康传播给千万家！

守正创新

嗨，大家好！我是胶养私厨大兵，算起来我是胶养私厨的百余代传人喽。我的祖师爷要追溯到商代的伊尹，伊尹是商代首任丞相，中医三圣之一、中华厨神，他在饮食中创造了中药汤剂，并经汤剂浓缩发现了动物胶剂，包括现在的龟甲胶、鹿角胶、阿胶等，他特别注重药膳养生，活到了100岁。其实人类自诞生起就在追求健康长寿，甚至永生，但是随着内外环境的变化，人类疾病越来越多，从身体到心理都有各种问题。而《黄帝内经》载：上古之人，法于阴阳，能形与神俱，而尽终天年，度百岁乃去，其主要原因就是懂得养生。正如当下健康中国战略所倡导的治已病，更要治未病。这也正是伊尹的实践，是胶养私厨的由来。

胶养私厨大兵 IP

20年前我第一次真正接触胶类中药是因为工作，我主要研究阿胶。它除了是精炼提取而成的高价值药材，还可以完全融入日常生活的一日三餐，所以我当时就认为胶类中药，不仅是药，更可以是日常饮食；不仅是治病救人，更应该是滋补养生，以至于多年后在龟鹿药业再次挖掘和推广更有药膳文化价值的龟甲胶、鹿角胶时，援引千年历史以“胶养私厨”来推广龟甲胶、鹿角胶、阿胶等胶剂中药。

传播健康生活理念

20年的沉淀，“胶养私厨”的内容也越来越丰富。当半斤阿胶不足50元时，我们推广打粉、煲汤、熬粥、煮水蛋（湖南习俗）等使用方法，为了让更多人接受，我们推广阿胶打粉冲牛奶，吸引了男女老少各类人群尝试，再通过积极的价值宣导，使阿胶重回人们日常生活，阿胶的价值也得到了认同，甚至被誉为滋补国宝；又以江浙沪传统吃法为基础，熬制的阿胶固元糕成为消费者喜爱的养生零食，并且自发添加各种坚果、果干、玫瑰花等让糕点既养生又美味，符合了现代人简单便捷的速食需求，引领了养生消费的一代浪潮。

炎炎夏日在家做一锅龟胶绿豆...

随着中医药文化复兴和资讯激增，消费者不再仅注重颜值等外在的简单属性，也开始注重内在的实际价值。胶剂中药也从阿胶到滋阴补阳的龟甲胶、鹿角胶不断进入消费者视线，胶养私厨的养生食方更加丰富、更加专业、更加有效。从日常餐饮，到自制养生糕点，再到现熬滋补膏方，我们不断提升胶养私厨的价值。其中现熬龟鹿二仙胶更值得向大家推荐，调和阴阳，气血双补，是养生佳品。

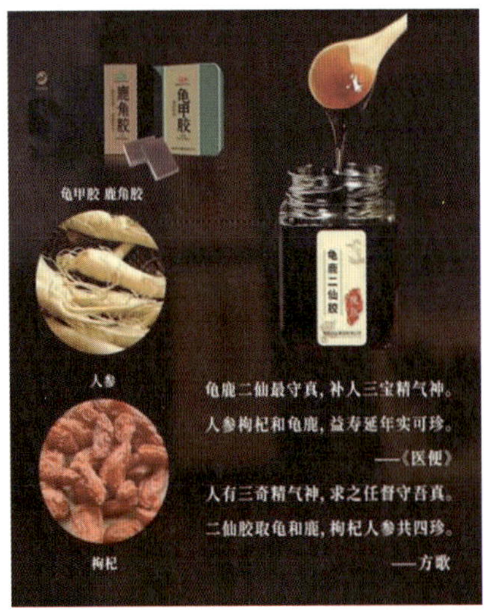

龟鹿私厨

胶养私厨以胶剂中药为核心配料，以日常饮食、一日三餐为依托，结合中医药专业知识，让滋补养生随时随地简单易行。千年的文化沉淀和数十年的实践，胶养私厨的内容丰富并不断推陈出新，我们将其定义为独特的健康 IP，不仅仅要扩大传播，更要加强消费者互动。以胶养私厨为名通过案例征集、达人选拔、视频分享、主题竞赛等方式实现消费者互动与传播，让胶养私厨成为消费者愿意看、愿意参与的健康 IP。

自媒体时代，人人都是主角，人人都是媒体。胶养私厨的“粉丝”矩阵已遍布抖音、微信、小红书、B 站等，汇聚了希望养生、懂得养生的消费者。胶养私厨是大家共同的家园和厨房，每位“家人”都积极参与和献计献策。我欣喜地看到胶养私厨逐步成为具有影响力的健康 IP，为人们的健康养生贡献力量。

加大传播范围和力度

颐圣小鹿、胶养私厨的介绍，打开了新思路。健康达人代表着企业的创业初心、社会责任与使命，勾勒了企业的文化与故事。它传递健康，并以大众喜闻乐见的方式，让健康走进千家万户。

我们都能做健康达人

达人不是一个、几个，应该是千千万万。“让更多人分享，让更多人健康长寿。”这就是健康达人的价值所在。

人人都可以做、可以是健康达人，我是，你也是！

第十部分的三个重要结论：

（1）健康达人的 5 个特征：吃得下、走得多、看得清、听得见、想得开。

（2）打造健康达人 IP 有利于成就企业或个人品牌。

（3）人人都可以做健康达人。

（郭兵　赵卫青　于天阳）

后记一

组织美丽健康行业内外与直播相关的从业者来编写这本书，委实不易。

好在大家都有一颗平常心。不问结果，只讲用心用力；不是做得有多成功，只是有激情，有责任，有担当！大家都憋着一股劲，想在行业有需求、有机会的当口，做一点什么，一是不想辜负中国医药物资协会领导对大健康直播分会（筹）给予的厚望；二是也为自己、为自己的企业新的发展做一个梳理，做一些再出发的准备。

近年来，阿康在协会平台上就基层医疗、互联网医疗、数字药房、医药供应链管理等方面做过一些探索，也取得一点成绩，但更多的是不足，是努力不懈的紧迫感。在美丽直播短视频赛道上，阿康也希望能够奋起直追，在大家的支持帮助和共同努力下，有更优异的表现，有更多的收获。

感谢本书的编委会和主创人员，大家边学边写，边干边总结，集思广益，辛勤付出。希望这本书的出版，能够为行业在美丽健康赛道上的奔跑、探索做一点贡献。本书系集体创作，时间短，任务重，水平有限，不足之处在所难免，也希望读者多提意见，以便于再版时修改。

再一次诚挚感谢所有为本书编写、出版给予帮助的领导、同事和朋友！

王李珏
于广州
2022 年 10 月

后记二

在中国医药物资协会领导的支持关心下，在王李珏、王学生、田志会、孙冬四位主编的总体安排下，我们组织了医药行业从事短视频直播和IP塑造的专家、市场实践者等一起编写了这本书。这本书以插图和手机摄影图片为主，配以适当文字，对我们这些习惯写字的作者来说，既是一个新的尝试，更是一个挑战——因为我们还要与插画师一起讨论，图文是否可以结合得更好一些。

把目前医药健康领域做得较有影响力的健康IP案例进行收集、整理和分析，推动健康达人不断涌现，既是我们编写本书的初衷，也是我们努力的方向。

我们知道这本书只是一个开始，还有许多工作要做，还有正在产生的健康IP现象值得我们去探索、追踪、总结、实践。但既然已经开始，我们就要一路相伴，一路相随，共同见证甚至参与健康 IP 塑造这一轰轰烈烈的时代进程。

代航、叶雅芳

于厦门、深圳

2022 年 10 月